읽으면서 바로 써먹는

어린이 관용구 따라쓰기

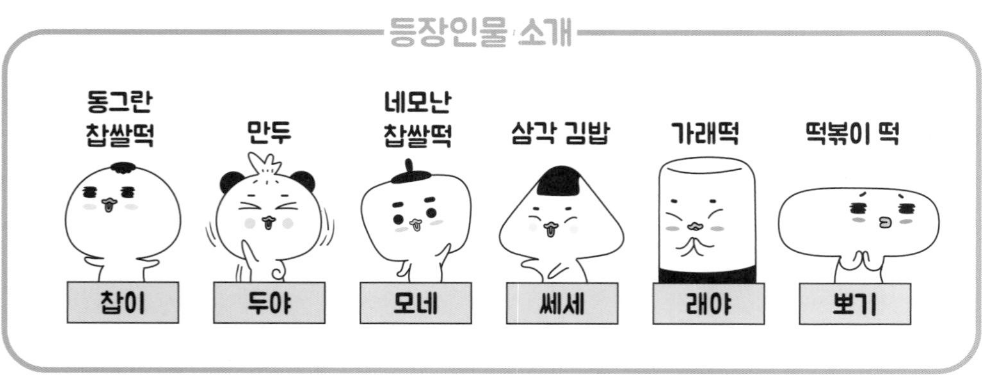
등장인물 소개
동그란 찹쌀떡
찹이
만두
두야
네모난 찹쌀떡
모네
삼각 김밥
쎄세
가래떡
래야
떡볶이 떡
뽀기

읽으면서 바로 써먹는

어린이 관용구 따라쓰기

글·그림 한날

차례

ㄱ

ㄴ ㄷ

ㅁ ㅂ

ㅈ ㅊ ㅋ ㅌ ㅍ ㅎ

놀이터는
언제나 재미있어!
맞아.
등굣길엔 더욱 재미있지.
앗! 아직도
놀고 있는 거야?

모네구나,
안녕~.
우린 조금만 더
놀다가 갈게.

그러다가
학교에 지각하면
벼락이 내릴 텐데.
괜찮겠어?

하하하~, 모네가
이런 말도 안 되는 얘기를
할 때도 있구나.
맞아, 킥킥.
이렇게 맑은 하늘에
무슨 벼락이야.

….

이 말은
하늘에서 진짜 벼락이
내린다는 게 아니라
관용구잖아!
관용구?
그래. 벼락이 내리다,
큰 변이 생긴다는 말이야.
즉, 지각한 너희는 무서운 꾸지람을
듣게 된다는 뜻이라고.
오오!
그런 뜻이 있었구나.
정말
재미있는 표현이잖아!
히히~, 너희도
관용구의
매력에 빠졌구나.
재미있어!
재미있어!
모네야, 우리도
관용구를 일상에서
써먹어 보고 싶어.
좋아!
그럼 내가 너희에게만
특별히 방법을 알려줄게.

먼저 이 책으로
관용구를 재미있게 배우고!
비법서
읽으면서 바로 써먹는
어린이 관용구

그다음 따라쓰기 책으로
관용구를 익히면 돼.
읽으면서 바로 써먹는
어린이 관용구 따라쓰기

01
가닥을 잡다
분위기, 상황, 생각 따위를 이치나 논리에 따라 바로잡다는 말이에요. '가닥'은 한군데서 갈려 나온 낱낱의 줄을 말해요.
먼저 관용구의
사전적 의미를
다시 제대로 알고.

짧은 만화로
어떤 상황에 쓰이는지
익히는 거지.
보기 너 동시 안 좋아하잖아.
그런데 왜 동시 숙제를 고른 거야?
그건 말이지….
짧은 동시라, 결정했어!
나도 보기처럼 동시로
가닥을 잡아야겠다.
으하하.
동시는 짧으니까
금방 끝날 거 아냐, 헤헤.
그럼 그렇지,
으이구.

쎄세의 말공부
관용구는 아니지만, '갈피를 잡다'라고 바꾸어 표현할 수 있어!
여기, 말공부도
읽어 보면
어휘에 도움이 될 거야.

히히~.
정말 다양하게
배울 수 있겠네.
끝이 아니야!

제일 중요한 게 남았거든.
바로바로 따라 쓰기!
손으로 직접 써 보는 건
기억하는 데 큰 도움이 되거든.

소리 내 읽으며 또박또박 따라 써 보세요.

가 닥 을 잡 다.

가 닥 을 잡 다.

가닥을 잡다.

마지막으로
완벽하게 익힌 관용구를
어떻게 써먹을지 생각해 보며
완전한 내 것을 만들 수 있다고.

난 이렇게 써먹을 거야!

쎄세야,
우리도 관용구를 익혀서
재미있게 써먹어 보자!

좋아! 히히.

앗, 잠깐!

가닥을 잡다

분위기, 상황, 생각 따위를 이치나 논리에 따라 바로잡다는 말이에요. '가닥'은 한군데서 갈려 나온 낱낱의 줄을 말해요.

쎄세의 말공부

관용구는 아니지만, '갈피를 잡다'라고 바꾸어 표현할 수 있어요.

소리 내 읽으며 또박또박 따라 써 보세요.

가	닥	을		잡	다	.			
가	닥	을		잡	다	.			

가닥을 잡다.

난 이렇게 써먹을 거야!

가슴에 멍이 들다

마음속에 쓰라린 고통과 모진 슬픔이 지울 수 없이 맺힌다는 말이에요. '멍'은 심하게 맞거나 부딪쳐서 살갗 속에 퍼렇게 맺힌 피예요.

하하하, 래야는 제일 쉬운 징도 못 친대요~.

헉

흑흑, 박자 맞추는 게 어려워서그래.

징

그렇게 연습을 했는데도, 자꾸 틀리다니….

푸풉

넌 역시 박치였어!

그만 좀 놀려. 네가 하도 놀려서 가슴에 멍이 들겠어, 흑흑.

꽈악

'가슴'은 신체 부위를 뜻하기도 하지만, **'마음, 생각'**을 나타내는 말로도 많이 쓰여.

가	슴	에		멍	이		들	다	.
가	슴	에		멍	이		들	다	.

가슴에 멍이 들다.

가슴을 열다

속마음을 털어놓거나 받아들인다는 말이에요. 가슴을 마음으로 바꿔 '마음을 열다'라고 하면 이해가 쉬워요.

쎄세야, 무슨 일 있어? 말도 안 하고.

….

아무것도 아니야.

후유~.

비. 밀. 보. 장. 가슴을 열고 말해 봐.

척

사실은….

아휴, 답답해. 빨리 좀 말해.

꼼지락

그, 그게….

'허심탄회하다' 품은 생각을 터놓고 말할 만큼 아무 거리낌이 없고 솔직하다는 뜻이야.

소리 내 읽으며 또박또박 따라 써 보세요.

가	슴	을		열	다	.			
가	슴	을		열	다	.			

가슴을 열다.

난 이렇게 써먹을 거야!

가슴이 넓다

이해심이 많다는 말이에요. '이해심'은 사정이나 형편을 잘 헤아려 주는 마음을 뜻해요.

눈치
눈치
내가 먹고 싶다.
눈치
눈치
뽀기야, 너 먹어.
난 배불러.
헤헤, 그래?
고마워.
잘 먹을게!
역시 래야는
가슴이 넓어.

반대 관용구로는 **'가슴이 좁다'**가 있어.

소리 내 읽으며 또박또박 따라 써 보세요.

가	슴	이		넓	다	.			
가	슴	이		넓	다	.			

가슴이 넓다.

난 이렇게 써먹을 거야!

가슴이 뜨끔하다

자극을 받아 마음이 깜짝 놀라거나 양심의 가책을 받는다는 말이에요.

비슷한 관용구로는 '가슴에 찔리다'가 있어.

소리 내 읽으며 또박또박 따라 써 보세요.

가	슴	이		뜨	끔	하	다	.	
가	슴	이		뜨	끔	하	다	.	

가슴이 뜨끔하다.

난 이렇게 써먹을 거야!

가시가 돋다

공격의 의도나 불평불만이 있다는 말이에요. '돋다'는 속에 생긴 것이 겉으로 나오거나 나타난다는 뜻으로 '새싹이 돋다'처럼 사용해요.

소리 내 읽으며 또박또박 따라 써 보세요.

가 시 가 돋 다 .

가 시 가 돋 다 .

가시가 돋다.

07 각광을 받다

많은 사람으로부터 주목을 받는다는 말로 관용구는 아니지만 자주 쓰이는 말이에요. '각광'은 사회적 관심이나 흥미를 말해요.

우리 대중문화는 '**한류**'라는 이름으로 외국에서 각광을 받고 있어.

소리 내 읽으며 또박또박 따라 써 보세요.

각	광	을		받	다	.			
각	광	을		받	다	.			

각광을 받다.

난 이렇게 써먹을 거야!

간담이 서늘하다

몹시 놀라서 섬뜩하다는 말이에요. '서늘하다'는 온도나 기온이 꽤 차다는 뜻도 있지만, 갑자기 놀라거나 무서울 때 느껴지는 찬 느낌을 말하기도 해요.

'간담'은 간과 쓸개를 함께 부르는 말이야.

간	담	이		서	늘	하	다	.	
간	담	이		서	늘	하	다	.	

간담이 서늘하다.

간이 콩알만 해지다

몹시 두려워지거나 무서워진다는 말이에요.

비슷한 관용구로는 '간이 오그라들다'가 있어.

소리 내 읽으며 또박또박 따라 써 보세요.

간이 콩알만 해지다.

간이 콩알만 해지다.

간이 콩알만 해지다.

난 이렇게 써먹을 거야!

간이 크다

겁이 없고 매우 대담하다는 말이에요. '대담'은 겁이 없고 용감하다는 뜻이에요.

쎄세의 말공부

반대 관용구로는 **'간이 작다'**가 있어.

간	이		크	다	.				
간	이		크	다	.				

간이 크다.

11 걱정이 태산이다

해결해야 할 일이 너무 많거나 복잡해서 걱정이 태산처럼 크다는 말이에요. '태산'은 높고 큰 산을 말해요.

몹시 걱정이 되어 마음을 졸인다는 **'속을 태우다'**란 관용구도 있어.

소리 내 읽으며 또박또박 따라 써 보세요.

걱	정	이		태	산	이	다	.	
걱	정	이		태	산	이	다	.	

걱정이 태산이다.

난 이렇게 써먹을 거야!

국물도 없다

돌아오는 몫이나 이득이 아무것도 없다는 말이에요. 여기서 '국물'은 어떤 일의 대가로 생기는 이득이나 부수입을 말해요.

이득을 얻으려다 오히려 손해를 본다는 **'밑천도 못 찾다'**는 말도 있어.

소리 내 읽으며 또박또박 따라 써 보세요.

국	물	도		없	다	.			
국	물	도		없	다	.			

국물도 없다.

난 이렇게 써먹을 거야!

13

국수를 먹다

결혼식을 올리는 일을 비유적으로 표현한 말이에요.

옛날에는 결혼식 피로연에서 흔히 국수를 대접했대.

소리 내 읽으며 또박또박 따라 써 보세요.

국	수	를		먹	다	.			
국	수	를		먹	다	.			

국수를 먹다.

난 이렇게 써먹을 거야!

14

귀가 번쩍 뜨이다

들리는 말에 선뜻 마음이 끌린다는 말이에요. '뜨이다'는 무엇을 들으려고 청각의 신경을 긴장시킨다는 뜻이에요.

소리 내 읽으며 또박또박 따라 써 보세요.

귀	가		번	쩍		뜨	이	다	.
귀	가		번	쩍		뜨	이	다	.

귀가 번쩍 뜨이다.

난 이렇게 써먹을 거야!

귀빠진 날이다

세상에 태어난 날인 '생일'을 말해요. 관용구는 아니지만 흔히 사용되는 말로, '귀빠지다'는 태어나다를 속되게 표현한 말이에요.

'미역국을 먹다'는 생일과 전혀 관계없이 시험에서 떨어진다는 뜻으로 쓰여.

소리 내 읽으며 또박또박 따라 써 보세요.

귀	빠	진		날	이	다	.		
귀	빠	진		날	이	다	.		

귀빠진 날이다.

난 이렇게 써먹을 거야!

귀에 못이 박히다

같은 말을 여러 번 듣는다는 말이에요.

비슷한 관용구로는 **'귀에 딱지가 앉다, 귀에 싹이 나다'**가 있어.

소리 내 읽으며 또박또박 따라 써 보세요.

귀	에		못	이		박	히	다	.
귀	에		못	이		박	히	다	.

귀에 못이 박히다.

난 이렇게 써먹을 거야!

기가 차다

하도 어이없어 말이 나오지 않다는 말이에요. '어이없다'는 일이 너무 뜻밖이어서 기가 막히는 듯하다는 뜻이에요.

한 단어로 '어이없다, 어처구니없다'라고 표현하면 돼.

소리 내 읽으며 또박또박 따라 써 보세요.

기	가		차	다	.				
기	가		차	다	.				

기가 차다.

기를 쓰다

있는 힘을 다한다는 말이에요. '기'는 활동하는 힘, 숨 쉴 때 나오는 기운을 뜻해요.

속담 대결

두야! 못 먹는 감, 버린다?

땡!

두야!

못 먹는 감, 안 익은 감이다?

두야!

땡!

땡! 땡! 땡!

두야! 못 먹는 감, 떫은 감?

기를 쓴다, 기를 써. 두야가 붕어빵 정말 먹고 싶은가 보다.

쎄세의 말공부

비슷한 관용구로는 **'땀을 흘리다, 피땀을 흘리다'**가 있어.

소리 내 읽으며 또박또박 따라 써 보세요.

기	를		쓰	다	.				
기	를		쓰	다	.				

기를 쓰다.

난 이렇게 써먹을 거야!

깨가 쏟아지다

몹시 아기자기하고 재미가 난다는 말이에요. '아기자기'는 잔재미가 있고 즐거운 모양을 뜻해요.

깨가 들어가는 관용구로는 **'깨소금 맛'** 남의 불행을 보고 몹시 통쾌해한다는 말도 있어.

소리 내 읽으며 또박또박 따라 써 보세요.

깨	가		쏟	아	지	다	.		
깨	가		쏟	아	지	다	.		

깨가 쏟아지다.

꽁무니를 빼다

슬그머니 피하여 물러난다는 말이에요. '꽁무니'는 엉덩이를 중심으로 한, 몸의 뒷부분을 말해요.

이익을 바라고 부지런히 바싹 따라다니는 것을 **'꽁무니를 따라다니다'**라고 말해.

소리 내 읽으며 또박또박 따라 써 보세요.

꽁	무	니	를		빼	다	.		
꽁	무	니	를		빼	다	.		

꽁무니를 빼다.

난 이렇게 써먹을 거야!

21 날개가 돋치다
22 누구 코에 붙이겠는가
23 눈 딱 감다
24 눈도 깜짝 안 하다
25 눈독을 들이다
26 눈살을 찌푸리다
27 눈에 밟히다
28 눈에 불을 켜다
29 눈에 차다
30 눈에 흙이 들어가다
31 눈이 트이다
32 눈총을 맞다
33 눈코 뜰 사이 없다
34 능청을 떨다
35 다리를 뻗고 자다
36 담을 지다
37 도마 위에 오르다
38 뒤통수를 맞다
39 뜨거운 맛을 보다
40 뜸을 들이다

날개가 돋치다

상품이 시세를 만나 빠른 속도로 팔려 나간다는 말이에요. 소문 같은 것이 먼 데까지 빨리 퍼진다는 말로도 쓰여요.

소리 내 읽으며 또박또박 따라 써 보세요.

날	개	가		돋	치	다	.		
날	개	가		돋	치	다	.		

날개가 돋치다.

난 이렇게 써먹을 거야!

누구 코에 붙이겠는가

여러 사람에게 나누어 주어야 할 물건이 너무 적을 때를 말해요.

비슷한 관용구로는 **'누구 입에 붙이겠는가'**가 있어.

소리 내 읽으며 또박또박 따라 써 보세요.

누	구		코	에		붙	이	겠	는
가	.								

누	구		코	에		붙	이	겠	는
가	.								

누구 코에 붙이겠는가.

난 이렇게 써먹을 거야!

눈 딱 감다

더 이상 다른 것을 생각하지 않다 또는 남의 허물 따위를 보고도 못 본 체 한다는 말이에요.

'눈을 붙이다'는 문장만 보면 비슷한 뜻 같지만 전혀 다른 **'잠을 잔다'**는 뜻이야.

소리 내 읽으며 또박또박 따라 써 보세요.

눈		딱		감	다	.			
눈		딱		감	다	.			

눈 딱 감다.

난 이렇게 써먹을 거야!

눈도 깜짝 안 하다

조금도 놀라지 않고 태연하다는 말이에요. '태연하다'는 마땅히 머뭇거리거나 두려워할 상황에서 태도나 기색이 아무렇지도 않다는 뜻이에요.

비슷한 관용구로는 **'눈썹도 까딱하지 않다'**가 있어.

소리 내 읽으며 또박또박 따라 써 보세요.

눈 도 깜 짝 안 하 다.

눈 도 깜 짝 안 하 다.

눈도 깜짝 안 하다.

난 이렇게 써먹을 거야!

눈독을 들이다

욕심을 내어 눈여겨본다는 말이에요.

욕심이 더 과해지면 몹시 욕심을 내거나 관심을 기울인다는 말인
'눈에 불을 켜다'를 쓸 수 있어.

소리 내 읽으며 또박또박 따라 써 보세요.

눈	독	을		들	이	다	.		
눈	독	을		들	이	다	.		

눈독을 들이다.

눈살을 찌푸리다

마음에 못마땅한 뜻을 나타내어 양미간을 찡그린다는 말이에요. '미간'은 두 눈썹의 사이를 말해요.

깊은 산속 옹달샘.

누가 와서 먹나요!

으악! 이건 소음이야.

살살 좀 불러. 눈살이 찌푸려질 정도야.

음정, 박자 다 틀렸어.

사실 나 음치야. 이번 시험은 망했어.

흑흑

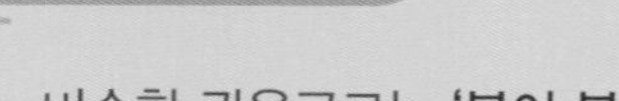

비슷한 관용구로는 **'볼이 붓다'**가 있어.

소리 내 읽으며 또박또박 따라 써 보세요.

눈	살	을		찌	푸	리	다	.	
눈	살	을		찌	푸	리	다	.	

눈살을 찌푸리다.

난 이렇게 써먹을 거야!

눈에 밟히다

잊히지 않고 자꾸 눈에 떠오른다는 말이에요.

'귓전에 맴돌다, 눈앞에 어른거리다' 모두 말이나 기억이 떠오를 때 사용해.

소리 내 읽으며 또박또박 따라 써 보세요.

눈	에		밟	히	다	.			
눈	에		밟	히	다	.			

눈에 밟히다.

난 이렇게 써먹을 거야!

눈에 불을 켜다

몹시 욕심을 내거나 관심을 기울인다는 말이에요.

비슷한 관용구로는 **'눈독을 들이다'**가 있어.

소리 내 읽으며 또박또박 따라 써 보세요.

눈	에		불	을		켜	다	.	
눈	에		불	을		켜	다	.	

눈에 불을 켜다.

난 이렇게 써먹을 거야!

29

눈에 차다

흡족하게 마음에 든다는 말이에요. 여기서 '차다'는 어떤 대상이 흡족하게 마음에 든다는 뜻으로 쓰였어요.

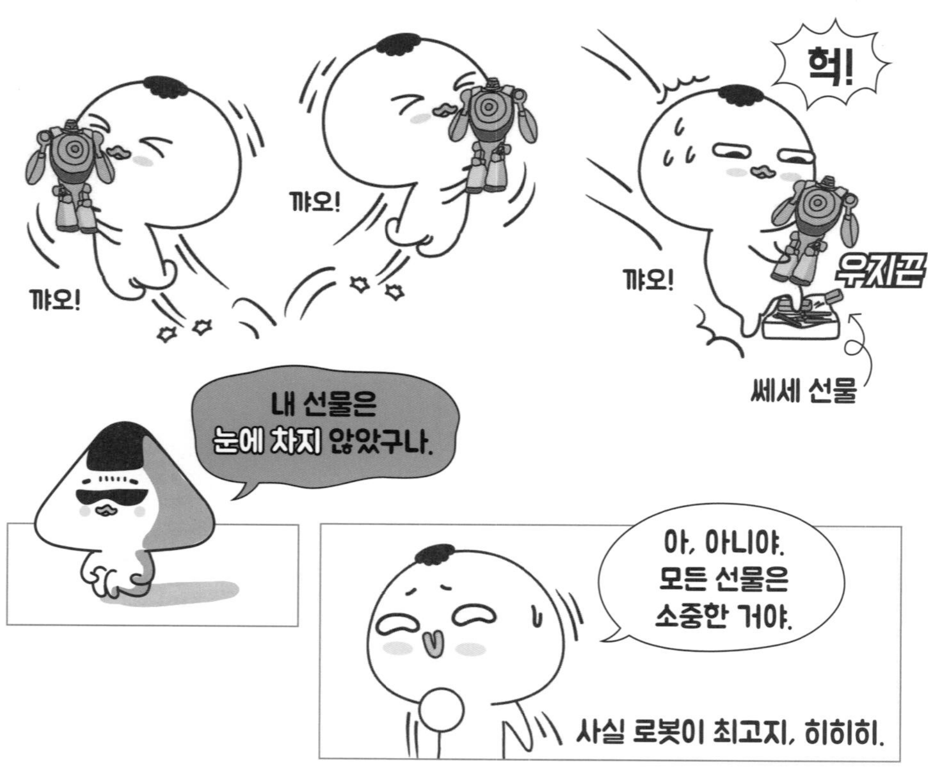

'흡족'은 조금도 모자람이 없을 정도로 넉넉하여 만족한다는 뜻이야.

소리 내 읽으며 또박또박 따라 써 보세요.

눈	에		차	다	.				
눈	에		차	다	.				

눈에 차다.

눈에 흙이 들어가다

죽어서 땅에 묻힌다는 말이에요.

'파리 목숨'은 남에게 손쉽게 죽음을 당할 만큼 보잘것없는 목숨을 말해.

소리 내 읽으며 또박또박 따라 써 보세요.

눈	에		흙	이		들	어	가	다
눈	에		흙	이		들	어	가	다

눈에 흙이 들어가다.

난 이렇게 써먹을 거야!

눈이 트이다

사물이나 현상을 판단할 줄 알게 된다는 말이에요. '트이다'는 막혀 있던 것이 치워지고 통하게 된다는 뜻이에요.

소리 내 읽으며 또박또박 따라 써 보세요.

눈	이		트	이	다	.			
눈	이		트	이	다	.			

눈이 트이다.

눈총을 맞다

남의 미움을 받는다는 말이에요. '눈총'은 눈에 독기를 띠며 쏘아보는 시선을 뜻해요.

쎄세의 말공부

총이 들어간 관용구로는 모두가 맡기를 꺼리는 일에서 대표를 맡는다는 뜻인 **'총대를 메다'**가 있어.

소리 내 읽으며 또박또박 따라 써 보세요.

눈	총	을		맞	다	.			
눈	총	을		맞	다	.			

눈총을 맞다.

난 이렇게 써먹을 거야!

눈코 뜰 사이 없다

정신 못 차리게 몹시 바쁘다는 말이에요.

비슷한 관용구로는 **'눈이 핑핑 돌아가다'**가 있어.

소리 내 읽으며 또박또박 따라 써 보세요.

눈	코		뜰		사	이		없	다
눈	코		뜰		사	이		없	다

눈코 뜰 사이 없다.

능청을 떨다

속으로는 엉큼한 마음을 숨기고 겉으로는 천연스럽게 행동하는 태도를 말해요. 관용구는 아니지만 일상에서 관용구처럼 자주 사용되는 말이에요.

'**능청**'은 내숭, 시치미와 유사어야.

소리 내 읽으며 또박또박 따라 써 보세요.

능	청	을		떨	다	.			
능	청	을		떨	다	.			

능청을 떨다.

난 이렇게 써먹을 거야!

35

다리를 뻗고 자다

마음 놓고 편히 잔다는 말이에요. '뻗다'는 오므렸던 것을 편다는 뜻이에요.

비슷한 관용구로는 **'발 펴고 자다'**가 있어.

다	리	를		뻗	고		자	다	.
다	리	를		뻗	고		자	다	.

다리를 뻗고 자다.

담을 지다

서로 사귀던 사이를 끊는다는 말이에요. '담'은 집이나 일정한 공간을 둘러막기 위하여 흙, 돌, 벽돌 따위로 쌓아 올린 것을 말해요.

비슷한 관용구로는 **'벽을 쌓다'**가 있어.

소리 내 읽으며 또박또박 따라 써 보세요.

담	을		지	다	.				
담	을		지	다	.				

담을 지다.

도마 위에 오르다

어떤 사물이 비판의 대상이 된다는 말이에요.

'비행기를 태우다'는 반대로 남을 지나치게 칭찬하거나 높이 추어올린다는 말이야.

소리 내 읽으며 또박또박 따라 써 보세요.

도	마		위	에		오	르	다	.
도	마		위	에		오	르	다	.

도마 위에 오르다.

난 이렇게 써먹을 거야!

뒤통수를 맞다

배신이나 배반을 당한다는 말이에요.

[뒤:통수]로 발음하고 **'뒤통수'**라고 적어. '뒷통수'는 맞춤법에 맞지 않아.

소리 내 읽으며 또박또박 따라 써 보세요.

뒤	통	수	를		맞	다	.		
뒤	통	수	를		맞	다	.		

뒤통수를 맞다.

39

뜨거운 맛을 보다

호된 고통이나 어려움을 겪는다는 말이에요.

'뜨거운 맛'은 맵다는 뜻으로 쓰이기도 해.

소리 내 읽으며 또박또박 따라 써 보세요.

뜨	거	운		맛	을		보	다	.
뜨	거	운		맛	을		보	다	.

뜨거운 맛을 보다.

난 이렇게 써먹을 거야!

뜸을 들이다

일이나 말을 할 때에, 쉬거나 여유를 갖기 위해 서둘지 않고 한동안 가만히 있는 경우를 비유적으로 이르는 말이에요.

내가 물 갈아 줄까?

이거 할까?

슈슈슉

저거 할까?

내가 색칠 도와줄까?

너 갑자기 왜 이래? 안 하던 아부를 다하고!

아니. 저, 그게 말이야….

뜸 들이지 말고 빨리 말해.

'뜸'은 음식을 삶아 익힐 때에, 마지막에 불을 끄고 그대로 두어 속까지 잘 익도록 하는 일이야.

소리 내 읽으며 또박또박 따라 써 보세요.

뜸	을		들	이	다	.			
뜸	을		들	이	다	.			

뜸을 들이다.

ㅁ
ㅂ

맥이 풀리다

기운이나 긴장이 풀어진다는 말이에요. '맥'은 기운이나 힘을 말해요.

소리 내 읽으며 또박또박 따라 써 보세요.

맥이 풀리다.

맥이 풀리다.

맥이 풀리다.

난 이렇게 써먹을 거야!

머리에 서리가 앉다

머리가 희끗희끗하게 세거나 늙었다는 말이에요. '세다'는 머리카락이나 수염 따위의 털이 희어지는 걸 말해요.

'세다'의 뜻은 ① 힘이 많다 ② 털이 희어지다
③ 사물의 수효를 헤아리거나 꼽다

소리 내 읽으며 또박또박 따라 써 보세요.

머	리	에		서	리	가		앉	다
머	리	에		서	리	가		앉	다

머리에 서리가 앉다.

난 이렇게 써먹을 거야!

43

머리털이 곤두서다

무섭거나 놀라서 날카롭게 신경이 긴장된다는 말이에요.

놀라 눈을 크게 뜨는 모습을 '놀란 토끼 눈을 하다'라고도 하지.

머	리	털	이		곤	두	서	다	.
머	리	털	이		곤	두	서	다	.

머리털이 곤두서다.

몸을 던지다

온갖 정열을 다하여 어떤 일에 열중한다는 말이에요. '열중'은 한 가지 일에 정신을 쏟는다는 뜻이에요.

뽀기야,
다리 다친 건 괜찮아?
많이 아파?
괜찮아. 얼른 나아야지. 다음 주에 옆 반이랑 축구 시합 있잖아.
그때까지
나을 수 있겠어?
이 다리로
어떻게 나가려고?
꼭 다 나아서
시합에서 뛸 거야.
축구에 이 몸을 던질 거야.
불끈

소리 내 읽으며 또박또박 따라 써 보세요.

몸	을		던	지	다	.			
몸	을		던	지	다	.			

몸을 던지다.

난 이렇게 써먹을 거야!

45

무릎을 치다

갑자기 어떤 놀라운 사실을 알게 되었거나 희미한 기억이 되살아날 때, 또는 몹시 기쁠 때 무릎을 탁 치는 행동을 말해요.

소리 내 읽으며 또박또박 따라 써 보세요.

무	릎	을		치	다	.			
무	릎	을		치	다	.			

무릎을 치다.

난 이렇게 써먹을 거야!

물 만난 고기

어려운 지경에서 벗어나 크게 활약할 판을 만난 처지를 이르는 말이에요. '처지'는 처하여 있는 사정이나 형편을 말해요.

쎄세의 말공부

'기회'는 어떠한 일을 하는 데 적절한 시기나 경우로 미리 준비하고 있어야 기회가 왔을 때 잡을 수 있어.

소리 내 읽으며 또박또박 따라 써 보세요.

물		만	난		고	기	.		
물		만	난		고	기	.		

물 만난 고기.

물불을 가리지 않다

위험이나 곤란을 고려하지 않고 막무가내로 행동한다는 말이에요. '막무가내'는 달리 어찌할 수 없다는 뜻이에요.

반대로 **'이 핑계 저 핑계'**는 어떤 일을 하지 않기 위하여 이것저것 대는 핑계를 말해.

물불을 가리지 않다.

물불을 가리지 않다.

물불을 가리지 않다.

미역국을 먹다

시험에서 떨어졌다는 말이에요. 여기서 '떨어지다'는 시험, 선거, 선발 따위에 응하여 뽑히지 못하다는 뜻으로 쓰였어요.

소리 내 읽으며 또박또박 따라 써 보세요.

미	역	국	을		먹	다	.		
미	역	국	을		먹	다	.		

미역국을 먹다.

난 이렇게 써먹을 거야!

밑도 끝도 없다

앞뒤의 연관 관계가 없이 말을 불쑥 꺼내어 갑작스럽거나 갈피를 잡을 수 없다는 말이에요.

'논리'는 말이나 글에서 사고나 추리 따위를 이치에 맞게 이끌어 가는 과정이나 원리를 말해.

소리 내 읽으며 또박또박 따라 써 보세요.

밑	도		끝	도		없	다	.	
밑	도		끝	도		없	다	.	

밑도 끝도 없다.

난 이렇게 써먹을 거야!

발목을 잡다

어떤 일에 꽉 잡혀서 벗어나지 못하게 한다는 말이에요.

비슷한 관용구로는 **'발목을 묶이다'**가 있어.

소리 내 읽으며 또박또박 따라 써 보세요.

발	목	을		잡	다	.			
발	목	을		잡	다	.			

발목을 잡다.

난 이렇게 써먹을 거야!

발바닥에 불이 나다

부리나케 여기저기 돌아다닌다는 말이에요. '부리나케'는 서둘러서 아주 급하게를 뜻해요.

한 단어로 '**동분서주**', 이리저리 몹시 바쁘게 돌아다닌다는 말이야.

소리 내 읽으며 또박또박 따라 써 보세요.

발	바	닥	에		불	이		나	다.
발	바	닥	에		불	이		나	다.

발바닥에 불이 나다.

발 벗고 나서다

적극적으로 나선다는 말이에요. '나서다'는 어떠한 일을 적극적으로 시작한다는 뜻이에요.

비슷한 관용구로는 **'소매를 걷어붙이다'**가 있어.

소리 내 읽으며 또박또박 따라 써 보세요.

발		벗	고		나	서	다	.	
발		벗	고		나	서	다	.	

발 벗고 나서다.

난 이렇게 써먹을 거야!

53

발을 끊다

오가지 않거나 관계를 끊는다는 말이에요.

쎄세의 말공부

비슷한 관용구로는 **'담을 지다'**, 반대 관용구로는 **'다리를 잇다'**가 있어.

소리 내 읽으며 또박또박 따라 써 보세요.

발	을		끓	다	.				
발	을		끓	다	.				

발을 끓다.

배가 등에 붙다

먹은 것이 없어서 배가 홀쭉하고 몹시 허기지다는 말이에요. '허기'는 몹시 굶어서 배고픈 느낌을 말해요.

이런 때는 **'게 눈 감추듯'** 음식을 급하게 먹게 되지.

소리 내 읽으며 또박또박 따라 써 보세요.

배	가		등	에		붙	다	.	
배	가		등	에		붙	다	.	

배가 등에 붙다.

난 이렇게 써먹을 거야!

배를 불리다

재물이나 이득을 많이 차지하여 사리사욕을 채운다는 말이에요. '사리사욕'은 개인의 이익과 욕심을 말해요.

이 묶음은 다 내 거야!

후다닥

그건 안 돼!

뽀기 저 욕심쟁이!

저렇게 배를 불리고 싶을까?

부럽다

뽀기야, 그건 다 쓴 공책이라고….

비슷한 관용구로는 **'뱃속을 채우다'**가 있어.

소리 내 읽으며 또박또박 따라 써 보세요.

배	를		불	리	다	.			
배	를		불	리	다	.			

배를 불리다.

벼락이 내리다

큰 변이 생긴다는 말이에요. '변'은 갑자기 생긴 재앙이나 괴이한 일을 말해요.

상관없는 나에게까지 이런 재앙이나 화가 미칠 때 **'불똥이 튀다'**라고 해.

소리 내 읽으며 또박또박 따라 써 보세요.

벼	락	이		내	리	다	.		
벼	락	이		내	리	다	.		

벼락이 내리다.

난 이렇게 써먹을 거야!

본전도 못 찾다

일한 결과가 좋기는커녕 오히려 하지 아니한 것만도 못하다는 말이에요.

누가 많아 땄는지 비교해 볼까?

내가 더 많이 땄지.

찹이 바구니

래야 바구니

래야야, 근데 덜 익은 건 못 먹어.

냠~

퉤퉤, 몇 시간 동안 고생만 하고 본전도 못 찾았네.

으이구, 좀 잘 보고 따지.

'본전'의 뜻은 ① 이자가 붙지 않은 원래 돈 ② 장사나 사업에 들인 돈
③ 원가 또는 그것에 해당하는 돈

소리 내 읽으며 또박또박 따라 써 보세요.

본	전	도		못		찾	다	.	
본	전	도		못		찾	다	.	

본전도 못 찾다.

불을 보듯 훤하다

앞으로 일어날 일이 의심할 여지가 없이 아주 명백하다는 말이에요.

'훤하다'의 뜻은 ① 조금 흐릿하게 밝다 ② 무슨 일의 조리나 속내가 뚜렷하다 ③ 얼굴이 말쑥하고 잘생기다 ④ 어떤 일이나 대상에 대하여 잘 알다

소리 내 읽으며 또박또박 따라 써 보세요.

불	을		보	듯		훤	하	다	.
불	을		보	듯		훤	하	다	.

불을 보듯 훤하다.

난 이렇게 써먹을 거야!

비행기 태우다

남을 지나치게 칭찬하거나 높이 추어올려 준다는 말이에요. '추어올리다'는 실제보다 과장되게 칭찬한다는 뜻으로 쓰였어요.

'추어올리다'는 옷이나 물건, 신체 일부 따위를 위로 가뜬하게 올린다는 뜻도 있어.
'추켜올리다, 치켜올리다'가 비슷한 말이야.

소리 내 읽으며 또박또박 따라 써 보세요.

비	행	기		태	우	다	.		
비	행	기		태	우	다	.		

비행기 태우다.

난 이렇게 써먹을 거야!

빛을 발하다

제 능력이나 값어치를 드러낸다는 말이에요. '발하다'는 꽃 따위가 핀다는 뜻이에요.

소리 내 읽으며 또박또박 따라 써 보세요.

빛	을		발	하	다	.			
빛	을		발	하	다	.			

빛을 발하다.

난 이렇게 써먹을 거야!

61 성에 차다
62 세상을 떠나다
63 속이 타다
64 손사래를 치다
65 손에 익다
66 손을 떼다
67 손을 벌리다
68 손을 씻다
69 손이 맵다
70 숨 돌릴 사이도 없다
71 애가 마르다
72 어깨가 무겁다
73 어깨를 겨루다
74 얼굴이 두껍다
75 열을 올리다
76 오금이 저리다
77 입만 살다
78 입만 아프다
79 입에 달고 다니다
80 입이 딱 벌어지다

61

성에 차다

흡족하게 여긴다는 말이에요. '흡족하다'는 조금도 모자람이 없을 정도로 넉넉하여 만족한다는 뜻이에요.

쎄세의 말공부

비슷한 관용구로는 **'눈에 차다'**가 있어.

소리 내 읽으며 또박또박 따라 써 보세요.

성	에		차	다	.				
성	에		차	다	.				

성에 차다.

세상을 떠나다

'죽다'를 부드럽게 이르는 말이에요.

'죽다'를 높이는 말은 **'별세하다, 운명하다, 작고하다, 타계하다'**가 있어.

소리 내 읽으며 또박또박 따라 써 보세요.

세	상	을		떠	나	다	.		
세	상	을		떠	나	다	.		

세상을 떠나다.

난 이렇게 써먹을 거야!

63

속이 타다

걱정이 되어 마음이 몹시 조급해진다 말이에요. '조급하다'는 늦거나 느긋하지 아니하고 매우 급하다는 뜻이에요.

비슷한 관용구로는 **'속을 태우다'**가 있어.

소리 내 읽으며 또박또박 따라 써 보세요.

속이 타다.

속이 타다.

속이 타다.

손사래를 치다

거절이나 부인을 하며 손을 펴서 마구 휘젓는다는 말이에요.

하나
둘
셋
넷

나 열 개. 너는?
나도. 그럼 비겼네!

래야야, 너도 하자. 열 개 정도는 찰 수 있잖아.
아, 아니야. 난 제기 차 본 적도 없어.
휙

에이, 손사래 치지 말고 같이 하자. 제기차기 쉬워.
혹시 알아? 숨겨진 능력자일지?

'휘젓다'의 뜻은 ① 골고루 섞이도록 마구 젓다
② 이리저리 심하게 흔들어 젓다

손	사	래	를		치	다	.		
손	사	래	를		치	다	.		

손사래를 치다.

손에 익다

일이 손에 익숙해진다는 말이에요. '익다'는 어떤 일을 여러 번 하여 서투르지 않은 상태를 뜻해요.

'익다'는 눈이 어둡거나 밝은 곳에 적응한 상태에 있을 때를 말하기도 해.

소리 내 읽으며 또박또박 따라 써 보세요.

손	에		익	다	.				
손	에		익	다	.				

손에 익다.

난 이렇게 써먹을 거야!

손을 떼다

하던 일을 그만둔다는 말이에요.

비슷한 관용구로는 **'손을 빼다'**가 있어.

소리 내 읽으며 또박또박 따라 써 보세요.

손	을		떼	다	.				
손	을		떼	다	.				

손을 떼다.

손을 벌리다

무엇을 달라고 요구하거나 구걸한다는 말이에요. '구걸'은 돈이나 곡식, 물건 따위를 거저 달라고 빎을 뜻해요.

비슷한 관용구로는 **'손을 내밀다'**가 있어.

소리 내 읽으며 또박또박 따라 써 보세요.

손	을		벌	리	다	.			
손	을		벌	리	다	.			

손을 벌리다.

68

손을 씻다

부정적인 일이나 찜찜한 일에 대하여 관계를 청산한다는 말이에요. '청산'은 과거의 부정적 요소를 깨끗이 씻어 버린다는 뜻이에요.

소리 내 읽으며 또박또박 따라 써 보세요.

손	을		씻	다	.				
손	을		씻	다	.				

손을 씻다.

손이 맵다

손으로 슬쩍 때려도 몹시 아프다 또는 일하는 것이 빈틈없고 매우 야무지다는 말이에요. '야무지다'는 빈틈이 없이 꽤 단단하고 굳세다는 뜻이에요.

마지막 문제야.
겉만 그럴듯하고 실속이 없는 경우를 의미하는 속담은?
딱밤 맞기야.
신중하게 생각해.
보기!
같은 값이면 다홍치마?
자, 보기는 딱밤 맞으실까?
땡!
흐흐
으드득
무섭
후훗, 평소에 '읽으면서 바로 써먹는 어린이 속담'으로 공부 좀 하라고!
아야야, 손이 너무 매워.

쎄세의 말공부

비슷한 관용구로는 **'손끝이 맵다, 손때가 맵다'**가 있어.

소리 내 읽으며 또박또박 따라 써 보세요.

손	이		맵	다	.				
손	이		맵	다	.				

손이 맵다.

숨 돌릴 사이도 없이

가쁜 숨을 가라앉힐 정도의 여유도 없다는 말이에요. '가쁘다'는 숨이 몹시 차다는 뜻이에요.

소리 내 읽으며 또박또박 따라 써 보세요.

숨		돌	릴		사	이	도		없
이	.								

숨		돌	릴		사	이	도		없
이	.								

숨 돌릴 사이도 없이.

난 이렇게 써먹을 거야!

애가 마르다

몹시 안타깝고 초조하여 속이 상한다는 말이에요. '애'는 초조한 마음속을 뜻해요.

쎄세의 말공부

'애'를 **'애간장'**으로 바꿔 쓸 수 있어.

소리 내 읽으며 또박또박 따라 써 보세요.

애	가		마	르	다	.			
애	가		마	르	다	.			

애가 마르다.

어깨가 무겁다

무거운 책임을 져서 마음에 부담이 크다는 말이에요.

'책임감'은 맡아서 해야 할 임무나 의무를 중히 여기는 마음이야.

어	깨	가		무	겁	다	.		
어	깨	가		무	겁	다	.		

어깨가 무겁다.

73

어깨를 겨루다

서로 비슷한 지위나 힘을 가졌다는 말이에요.

같은 목적에 대하여 이기거나 앞서려고 서로 겨루는 **'경쟁'**은 우리를 발전시키지.

소리 내 읽으며 또박또박 따라 써 보세요.

어	깨	를		겨	루	다	.		
어	깨	를		겨	루	다	.		

어깨를 겨루다.

얼굴이 두껍다

부끄러움을 모르고 염치가 없다는 말이에요. '염치'는 체면을 차릴 줄 알며 부끄러움을 아는 마음을 뜻해요.

비슷한 관용구로는 **'얼굴 가죽이 두껍다'**가 있어.

소리 내 읽으며 또박또박 따라 써 보세요.

얼	굴	이		두	껍	다	.		
얼	굴	이		두	껍	다	.		

얼굴이 두껍다.

75

열을 올리다

흥분하여 성을 내다 또는 무엇에 열중하거나 열성을 보인다는 말이에요. '열중, 열성'에서 '열-'은 열렬하다는 뜻이에요.

'죽기 살기로' 열심히 하면 어떤 것이든 이룰 수 있어.

소리 내 읽으며 또박또박 따라 써 보세요.

열	을		올	리	다	.			
열	을		올	리	다	.			

열을 올리다.

난 이렇게 써먹을 거야!

오금이 저리다

저지른 잘못이 들통이 나거나 그 때문에 나쁜 결과가 있지 않을까 마음을 졸인다는 말이에요. '오금'은 무릎의 구부러지는 오목한 안쪽 부분을 말해요.

'오금이 쑤시다'는 무슨 일을 하고 싶어 가만히 있지 못하는 걸 말해.

소리 내 읽으며 또박또박 따라 써 보세요.

오	금	이		저	리	다	.		
오	금	이		저	리	다	.		

오금이 저리다.

난 이렇게 써먹을 거야!

입만 살다

말에 따르는 행동은 없으면서 말만 그럴듯하게 잘한다는 말이에요.

비슷한 관용구로는 **'말만 앞세우다'**가 있어.

소리 내 읽으며 또박또박 따라 써 보세요.

입	만		살	다	.				
입	만		살	다	.				

입만 살다.

입만 아프다

여러 번 말하여도 받아들이지 아니하여 말한 보람이 없다는 말이에요.

비슷한 관용구로는 **'밑 빠진 항아리'**가 있어.

입	만		아	프	다	.			
입	만		아	프	다	.			

입만 아프다.

입에 달고 다니다

말이나 이야기 따위를 습관처럼 되풀이하거나 자주 사용하거나 먹을 것을 쉴 새 없이 입에서 떼지 아니한다는 말이에요.

소리 내 읽으며 또박또박 따라 써 보세요.

입	에		달	고		다	니	다	.
입	에		달	고		다	니	다	.

입에 달고 다니다.

난 이렇게 써먹을 거야!

80

입이 딱 벌어지다

매우 놀라거나 좋아한다는 말이에요.

쎄세의 말공부

'딱'의 뜻은 ① 활짝 바라지거나 벌어진 모양
② 빈틈없이 맞닿거나 들어맞는 모양

소리 내 읽으며 또박또박 따라 써 보세요.

입	이		딱		벌	어	지	다	.
입	이		딱		벌	어	지	다	.

입이 딱 벌어지다.

난 이렇게 써먹을 거야!

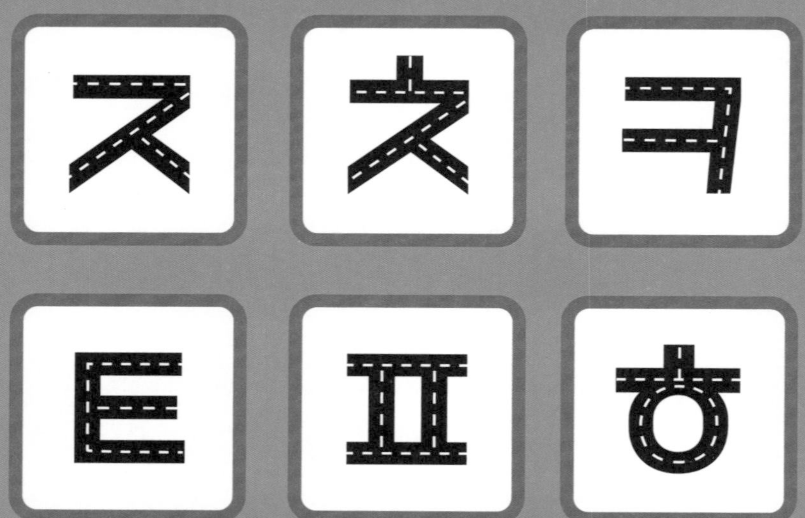
ㅈ
ㅊ
ㅋ
ㅌ
ㅍ
ㅎ

81 자취를 감추다
82 정신이 빠지다
83 종종걸음을 놓다
84 줄행랑을 놓다
85 찬물을 끼얹다
86 척하면 삼천리
87 첫걸음마를 떼다
88 침이 마르다
89 코가 납작해지다
90 코웃음을 치다
91 콧대가 높다
92 콧등이 시큰하다
93 트집을 잡다
94 파김치가 되다
95 파리를 날리다
96 풀이 죽다
97 하늘이 노랗다
98 한술 더 뜨다
99 한 치 앞을 못 보다
100 혀를 내두르다

자취를 감추다

남이 모르게 어디로 가거나 숨는다는 말이에요. '자취'는 어떤 것이 남긴 표시나 자리를 뜻해요.

'발자취'의 뜻은 ① 발로 밟고 지나갈 때 남는 흔적
② 지나온 과거의 역정을 비유적으로 이르는 말

소리 내 읽으며 또박또박 따라 써 보세요.

자	취	를		감	추	다	.		
자	취	를		감	추	다	.		

자취를 감추다.

난 이렇게 써먹을 거야!

정신이 빠지다

바른 정신을 가지지 못하고 비정상적으로 생각하거나 행동한다는 말이에요.

'나사가 풀리다'는 정신 상태가 해이해진 걸 말해.

소리 내 읽으며 또박또박 따라 써 보세요.

정	신	이		빠	지	다	.		
정	신	이		빠	지	다	.		

정신이 빠지다.

종종걸음을 놓다

발을 가까이 자주 떼며 급히 움직인다는 말이에요. '종종걸음'은 발을 가까이 자주 떼며 급히 걷는 걸음을 뜻해요.

소리 내 읽으며 또박또박 따라 써 보세요.

종	종	걸	음	을		놓	다	.	
종	종	걸	음	을		놓	다	.	

종종걸음을 놓다.

줄행랑을 놓다

낌새를 채고 피하여 달아난다는 말이에요. '낌새'는 어떤 일을 알아차릴 수 있는 눈치를 뜻해요.

눈치와 관련된 관용구로는 '눈치코치 다 알다, 눈치코치도 모르다'가 있어.

소리 내 읽으며 또박또박 따라 써 보세요.

줄	행	랑	을		놓	다	.		
줄	행	랑	을		놓	다	.		

줄행랑을 놓다.

난 이렇게 써먹을 거야!

찬물을 끼얹다

잘되어 가고 있는 일에 뛰어들어 분위기를 흐리거나 공연히 트집을 잡아 훼방을 놓는다는 말이에요.

'훼방'은 남의 일을 방해한다는 말이야.

찬물을 끼얹다.

찬물을 끼얹다.

찬물을 끼얹다.

척하면 삼천리

상대편의 의도나 돌아가는 상황을 재빠르게 알아차린다는 말이에요. '삼천리'는 우리나라 전체를 비유적으로 부르는 말이에요.

비슷한 관용구로는 '척하면 착이다'가 있어.

소리 내 읽으며 또박또박 따라 써 보세요.

척	하	면		삼	천	리	.		
척	하	면		삼	천	리	.		

척하면 삼천리.

난 이렇게 써먹을 거야!

87

첫걸음마를 떼다

어떤 일이나 사업을 처음 시작한다는 말이에요.

비슷한 관용구로는 '첫 삽을 들다'가 있어.

소리 내 읽으며 또박또박 따라 써 보세요.

첫	걸	음	마	를		떼	다	.	
첫	걸	음	마	를		떼	다	.	

첫걸음마를 떼다.

침이 마르다

다른 사람이나 물건에 대하여 거듭해서 자랑하거나 칭찬한다는 말이에요.

비슷한 관용구로는 '입에 침이 마르다, 입이 닳다'가 있어.

소리 내 읽으며 또박또박 따라 써 보세요.

침	이		마	르	다	.			
침	이		마	르	다	.			

침이 마르다.

난 이렇게 써먹을 거야!

코가 납작해지다

몹시 무안을 당하거나 기가 죽어 위신이 뚝 떨어진다는 말이에요.

쌔세의 말공부

무안 : 수줍거나 창피하여 볼 낯이 없음
위신 : 위엄과 신망을 아울러 이르는 말

소리 내 읽으며 또박또박 따라 써 보세요.

코	가		납	작	해	지	다	.	
코	가		납	작	해	지	다	.	

코가 납작해지다.

난 이렇게 써먹을 거야!

코웃음을 치다

남을 깔보고 비웃다는 말이에요. '코웃음'은 콧소리를 내거나 코끝으로 가볍게 웃는 비난조의 웃음을 뜻해요.

쎄세의 말공부

비슷한 관용구로는 '발아래로 보다'가 있어.

소리 내 읽으며 또박또박 따라 써 보세요.

코	웃	음	을		치	다	.		
코	웃	음	을		치	다	.		

코웃음을 치다.

난 이렇게 써먹을 거야!

콧대가 높다

잘난 체하고 뽐내는 태도가 있다는 말이에요. '콧대'는 우쭐하고 거만한 태도를 비유적으로 뜻해요.

반대 관용구로는 '콧대를 낮추다'가 있어.

소리 내 읽으며 또박또박 따라 써 보세요.

콧	대	가		높	다	.			
콧	대	가		높	다	.			

콧대가 높다.

콧등이 시큰하다

어떤 일에 감격하거나 슬퍼서 눈물이 나오려 한다는 말이에요. '시큰하다'는 관절 따위가 삐었을 때처럼 거북하게 저리다는 뜻이에요.

콧	등	이		시	큰	하	다	.	
콧	등	이		시	큰	하	다	.	

콧등이 시큰하다.

트집을 잡다

조그만 흠집을 들추어내거나 없는 흠집을 만든다는 말이에요. '트집'은 공연히 조그만 흠을 들추어내어 불평을 하거나 말썽을 부린다는 뜻이에요.

뽀기 너, 국어 숙제 다 했어?

게임 좀 하고, 저녁에 하면 돼.

잠깐!

너 저번에도 그렇게 말하고 숙제 안 해 갔잖아.

이번에도 또 미루는 거야?

번쩍

뽀기는 미루는 습관이 몸에 배었구나.

너 왜 자꾸 트집을 잡아?

'트집'과 비슷한 말은 '꼬투리'야.

소리 내 읽으며 또박또박 따라 써 보세요.

트집을 잡다.

트집을 잡다.

트집을 잡다.

파김치가 되다

몹시 지쳐서 기운이 아주 느른하게 된다는 말이에요. '느른하다'는 맥이 풀리거나 고단하여 몹시 기운이 없다는 뜻이에요.

소리 내 읽으며 또박또박 따라 써 보세요.

파	김	치	가		되	다	.		
파	김	치	가		되	다	.		

파김치가 되다.

난 이렇게 써먹을 거야!

파리를 날리다

영업이나 사업 따위가 잘 안되어 한가하다는 말이에요.

파	리	를		날	리	다	.		
파	리	를		날	리	다	.		

파리를 날리다.

풀이 죽다

풀기가 빠져서 빳빳하지 아니하다는 말로 기운 없이 축 처져 있는 모습에 사용하기도 해요.

반대 관용구로는 '풀이 서다'가 있어.

소리 내 읽으며 또박또박 따라 써 보세요.

풀	이		죽	다	.				
풀	이		죽	다	.				

풀이 죽다.

하늘이 노랗다

지나친 과로나 상심으로 기력이 몹시 쇠해졌다는 말이에요. '쇠하다'는 힘이나 세력이 점점 줄어서 약해진다는 뜻이에요.

잘했어, 찹이야.
헤헷, 고마워. 보답으로 오늘 우리 집에 놀러와.
짝 짝 짝 짝
우아, 그럼 맛있는 거 줄 거야?
오예! 갈게!

찹이네
우리가 왜 찹이 집에서 김장을 하고 있냐?
김치 담그러 오라고 부른 거였냐?
헤헤.
아~, 하늘이 노랗구나.
욱신 욱신

쎄쎄의 말공부

과로 : 몸이 고달플 정도로 지나치게 일함
상심 : 슬픔이나 걱정 따위로 속을 썩임

하	늘	이		노	랗	다	.		
하	늘	이		노	랗	다	.		

하늘이 노랗다.

한술 더 뜨다

이미 어느 정도 잘못되어 있는 일에 대하여 한 단계 더 나아가 엉뚱한 짓을 한다는 말이에요. '한술'은 숟가락으로 한 번 뜬 음식을 말해요.

쎄세의 말공부

술 : 밥 따위의 음식물을 숟가락으로 떠 그 분량을 세는 단위

잔, 그릇 : 음식이나 물건을 잔이나 그릇에 담아 그 분량을 세는 단위

한술 더 뜨다.

한술 더 뜨다.

한술 더 뜨다.

한 치 앞을 못 보다

'시력이 좋지 못하여 가까이 있는 것도 보지 못하다' 또는 '식견이 얕다'는 말로 사용해요. '식견'은 학식과 견문을 뜻해요.

소리 내 읽으며 또박또박 따라 써 보세요.

한 치 앞을 못 보다.

한 치 앞을 못 보다.

한 치 앞을 못 보다.

혀를 내두르다

몹시 놀라거나 어이없어서 말을 못 한다는 말이에요. '내두르다'는 이리저리 휘휘 흔든다는 뜻이에요.

비슷한 관용구로는 '기가 차다, 입을 딱 벌리다'가 있어.

소리 내 읽으며 또박또박 따라 써 보세요.

혀	를		내	두	르	다	.		
혀	를		내	두	르	다	.		

혀를 내두르다.

난 이렇게 써먹을 거야!

읽으면서 바로 써먹는
어린이 관용구 따라쓰기

초판 2쇄 2023년 12월 7일
초판 1쇄 2023년 4월 25일

글·그림 한날

펴낸이 정태선
펴낸곳 파란정원
출판등록 제395-2010-000070호
주소 서울특별시 은평구 가좌로 175, 5층
전화 02-6925-1628 | **팩스** 02-723-1629
제조국 대한민국 | **사용연령** 8세 이상 어린이
홈페이지 www.bluegarden.kr | **전자우편** eatingbooks@naver.com
종이 다올페이퍼 | **인쇄** 조일문화인쇄사 | **제본** 경문제책사

ISBN 979-11-5868-260-6 74700
ISBN 979-11-5868-255-2 74700(세트)
*이 책에 사용된 관용구와 낱말의 뜻은 국립국어원 표준국어대사전을 기초로 하였습니다.